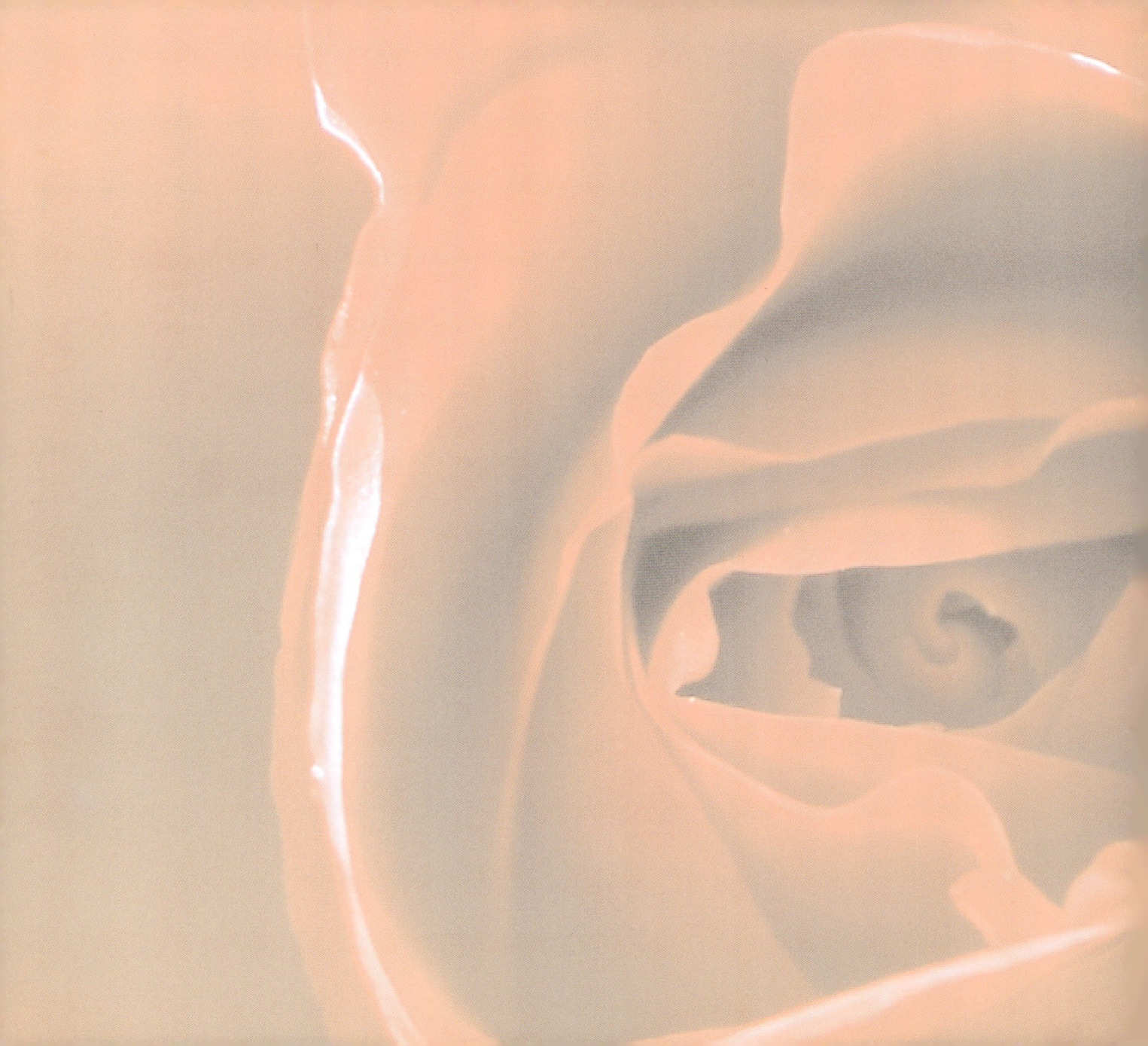

# Herzklopfen

## Facetten der Liebe

Fotografie & Gedichte
von Klaus Ender

## Die Liebe

Wer die Liebe wirklich lebt,
geht gestärkt durchs Leben,
wessen Herz aus Angst gebebt,
würd' sein Leben geben.

Ohne ihn – und ohne sie
bleibt das Wir ein Traum,
leben könnt' man – aber wie,
glücklich werden kaum.

Und so hofft man jeden Tag,
dass man zweisam bliebe,
und – was auch noch kommen mag –
es siege unsre Liebe.

07-

## Liebe auf den ersten Blick

Unter dunklem Haar verborgen,
sah ich ihr Gesicht,
schon begann ich mich zu sorgen,
sieht sie mich denn nicht?

Doch das Glück ist mir beschieden,
langsam hebt sie ihren Blick,
der durchfährt mich ganz entschieden
und für mich gibt's kein Zurück.

Lässt der Augen Blick auch offen,
ob mein Sein auch ihr gefällt,
bleibt mir letztlich doch das Hoffen,
dass ihr Ja mein Herz erhellt.

Ich verkürze die Entfernung,
bin ihr endlich etwas nah
und bemerke mit Begeist'rung,
dass ich Schöneres nie sah.

Dieses Braun der klugen Augen,
dieses sanfte Dekoletté –
würden zur Verführung taugen
wie der Anblick einer Fee.

Ich verdanke der Begegnung
meine Liebe lebenslang
und es war des Schicksals Segnung,
wär' vor Sehnsucht sonst wohl krank.

## Nähe

Der wärmende Gedanke,
einander nah zu sein,
Gefühle ohne Schranke,
zu hören – ich bin dein.

Zu fühlen – dass die Nähe
des Andern immer währt
und dass man immer sähe,
was seelisch man begehrt.

Des Lebens größtes Gut
zu finden auch im Leid,
dass jeder Gutes tut
für heut – und alle Zeit.

Im Herzen Liebe tragen
und nah sich möglichst sein
und immer wieder sagen,
ich bin fürs Leben DEIN.

### Erwartung...

Lebt man in der Liebe Sphären,
hat man kein bestimmtes Ziel,
weiß nur, die Gedanken währen
oft zu wenig – oft so viel.

Soll der Partner reine Sünde –
soll er wie ein Engel sein,
weiß man, was uns selbst gut stünde,
ist es gut – ist es nur Schein?

Lieben wir die Eskapaden,
meiden wir die Sinnlichkeit,
ist das Warten unser Schaden,
tut der Langmut uns bald Leid?

Möchten wir stets Masken tragen,
ist uns peinlich – unser Tun?
Sollen wir stets hinterfragen,
statt im Selbstverständnis ruh'n?

Eine Liebe kann uns tragen,
eine Liebe hält viel aus,
nur die hunderttausend Fragen
treibt die Liebe aus dem Haus.

### Getrennt – mit Nähe

Wenn trotz Trennung wir vereint
fest in unsern Träumen,
hat's das Schicksal gut gemeint,
weil wir nichts versäumen.

Anders wär's um uns gescheh'n,
zählte nur die Nähe –
würde nur dein ICH besteh'n,
weil ich dich grad sähe.

Und so bleibt zu jeder Zeit
uns nun im Gedächtnis
Liebe und Beständigkeit
als stetiges Vermächtnis.

## Gelöste Knoten

Am Anfang warf ein Seil ich dir
und bat dich, es zu halten,
du machtest feste Knoten mir
und ließest mich dann walten.

Nun sind ganz fest verbunden wir,
es lässt uns kaum Bewegung,
so kann zwar keiner fort von hier,
doch stirbt auch jede Regung.

Drum schnitten wir die Knoten auf,
erfassten ihre Enden,
die Freiheit nahmen wir in Kauf,
um unser Los zu wenden.

17-

### Rosendüfte

Aus den Blüten vieler Rosen
stammt der Duft, der dich umgibt,
und die Düfte, die dich kosen,
hab' ich an der Ros' geliebt.

Nun erlebe ich euch beide,
diese Düfte – dieses Weib,
ich verzicht' auf Samt und Seide,
Duft – umhülle diesen Leib!

**In deiner Hand**

In deinen starken Händen,
da liegt mein ganzes Glück,
ich lass' es bei bewenden,
ich kann nicht mehr zurück.

Bin müde des Alleinseins,
zu schwach, allein zu geh'n,
ich möchte gern nur eins,
in deiner Hand zergeh'n.

## Die Umarmung

Die Umarmung ist Symbol
für inniges Vertrauen,
es tut stets beiden Seiten wohl,
man kann darauf auch bauen.

Ist die Liebe mit im Spiel,
dann öffnen sich die Türen,
selten wird es uns zuviel,
einander zu verführen.

Man umarmt, um tief zu spüren,
was man liebt und oft vermisst,
und die Lust kann dazu führen,
dass das Herz von Sinnen ist.

Festzuhalten – nah zu sein,
Einsamkeit beenden,
eng umarmt – nie mehr allein,
liegt in euern Händen.

### Als sich unsre Spuren kreuzten

Als sich Spur und Spur berührte,
war es nur der Sand,
als sie uns zusammenführte,
spürten wir – ein Band.

Jeder Eindruck deiner Füße,
prägte fest in mir sich ein,
jeder Abdruck sandte Grüße,
sagte mir, du bist allein.

Was mir Wind und Wellen ließen,
hat mich hin zu dir geführt
und unsre Spuren lassen schließen,
dass sie vom Ich zum Wir geführt.

-23-

## ...wenn die Liebe

Wenn die Liebe die verbindet,
die in Sehnsucht sich verzehr'n,
wer den andern schön empfindet,
den wird nichts – und nie bekehr'n.

Liebe schafft die schönsten Märchen,
Liebe baut den Glauben auf,
Liebe schmiedet stets die Pärchen,
Liebe hört drum niemals auf.

Und so wird das Schicksal zeigen,
ob ein Märchen wurde wahr,
ob die Geigen – weiter geigen,
liebevoll – nun Jahr um Jahr.

**Herzklopfen**

Jedes Herz –
es hat zwei Kammern,
links fürs Glück
und rechts zum Jammern.

Ist der Jammer riesengroß,
sollte man nicht klammern,
Liebe fällt nicht in den Schoß,
höchstens in die Kammern.

Ist das Liebesglück bei dir,
schwelge in der Liebe,
doch verzehr dich nicht an ihr,
hoff, dass es so bliebe.

### Mein Alp-Traum

Die nadelspitzen Stöckelschuh,
sie trippeln auf dem Pflaster,
sie nehmen mir die inn're Ruh,
sie sind mein größtes Laster.

Die Schuhe hab' ich dir bezahlt,
weil ich nicht gerne geize,
und hoffe, dass ich nun erhalt
dafür deine Reize.

So läuft es nun schon wochenlang,
ich krieg' auch keine Zinsen,
mir ist schon vor der Zukunft bang,
mein Traum geht in die Binsen.

So höre und so sehe ich,
dich reizend vor mir laufen
und muss wohl doch gelegentlich,
was Teureres dir kaufen...

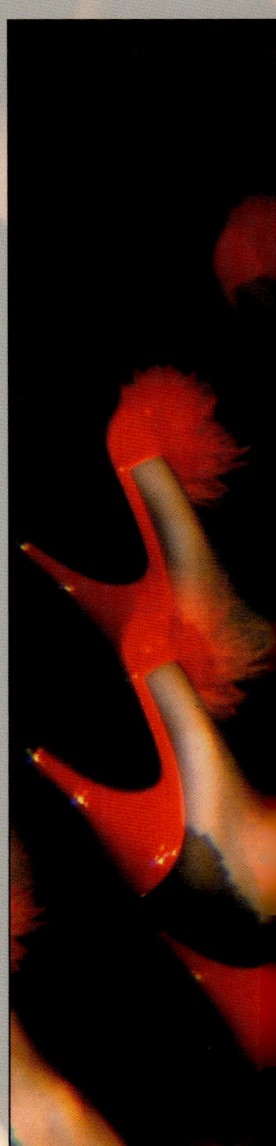

## Ehe-Stress

Ist die Ehe grad geschlossen,
ist noch alles rosarot,
denn, so lang' man noch verschossen,
ist das Leben noch im Lot.

Doch der Alltag mit den Pflichten
klopft schon leise an die Tür,
denn das Leben hat mitnichten
eine Wunschschloss-Eingangstür.

Kommt man nervig und recht müde
von der Arbeit spät nach Haus,
fragt der Partner ihn recht rüde:
„War sie süß, die neue Maus?"

Kommt sie selber angetrunken,
mit der Fahne spät zurück,
ist im Bett schon tief versunken,
schreit er laut: „Ich werd' verrückt!"

Und man sammelt Argumente,
wirft sich vor den Ehebruch,
nennt sich Bock und lahme Ente,
hasst den eignen Stallgeruch.

Ja, bevor man sich fest bindet,
ist ein Prüfen angebracht,
ob sich nicht was Bessres findet,
als ein Liebchen für die Nacht.

### Erotik Dein

Die erogenen Zonen dein,
sie lassen mir viel Spiel,
im Sonnen- und im Mondenschein
sind sie mein schönstes Ziel.

Dein Achselhaar, dein Duft nach mehr,
die Hand, die mich verführt,
vom Hügelland zum Leibesrand
hab' Sehnsucht ich gespürt.

Ein Wimpernschlag im Zeitgescheh'n,
da warst du meine Frau,
es war, als blieb die Erde steh'n,
ich spürte es genau.

## Erste Liebe

Ich sah dich heut zum ersten mal,
seitdem dreht sich's im Kreise,
mein Herz, es fährt mal Berg, mal Tal,
mal schlägt es laut, mal leise.

Ich weiß nicht, wie es weitergeht,
ich muss dich wiedersehn,
weil mir sich sonst das Herz umdreht,
vielleicht bleibt's sogar steh'n.

Erst wenn ich dir bald sagen kann,
ich liebe dich so sehr,
fang ich nochmals zu leben an,
bis dahin schmerzt es sehr.

Ich sah erst einmal deinen Blick,
er war so voller Fragen,
ich gebe gern ihn dir zurück
und werde dir was sagen.

Ich liebe und verehre dich,
ich möchte dich gewinnen,
für mich gibt es nur dich und mich,
komm, lass uns zwei beginnen.

## Liebeskummer

Wenn man wirklich zärtlich liebt,
wenn es keinen andern gibt
und ein Dritter dann erscheint,
wenn die Seele plötzlich weint.

Wenn das Chaos plötzlich lebt,
wenn das Herz im Schmerz erbebt,
weil die Liebe von uns geht
und man ganz allein nun steht.

Dann besinnt man sich vielleicht,
dass es nicht fürs Leben reicht,
für den Andern da zu sein,
ohne wirklich nah zu sein.

In der Eiszeit zu versteh'n,
ohne auf die Uhr zu sehn,
nicht nur glauben, er ist nah,
sondern zeigen, man ist da.

So gesehen, hat es Sinn
für das Leben weiterhin,
ob er wiederkommt zu dir
oder weggeht – doch zu ihr.

Dass man alles überdenkt,
sich ein Schuldgefühl nicht schenkt,
dass das Liebste auf der Welt
viel mehr zählt als alles Geld.

Reif fürs Leben heißt allein,
in der Liebe eins zu sein,
miteinander das Vertrau'n
für das Leben aufzubau'n.

Hat man alles überdacht,
kommt das Glück oft über Nacht,
doch man sollt' auch dann nicht ruh'n,
sondern alles für die Liebe tun.

### Der Handkuss

Der Handkuss ist seit alters her
ein Zeichen der Verehrung,
man zeigt der Dame – bitte sehr
wie groß des Herrn Begehrung.

Der feinen Dame reicht das nicht,
sie wünscht sich nur Vasallen,
sie nimmt den Herren in die Pflicht,
er lässt es sich gefallen.

Wer letztlich ihr die Füße küsst,
der ist vielleicht der Sieger,
doch eh' er den Triumph genießt,
da kniet er vor ihr nieder.

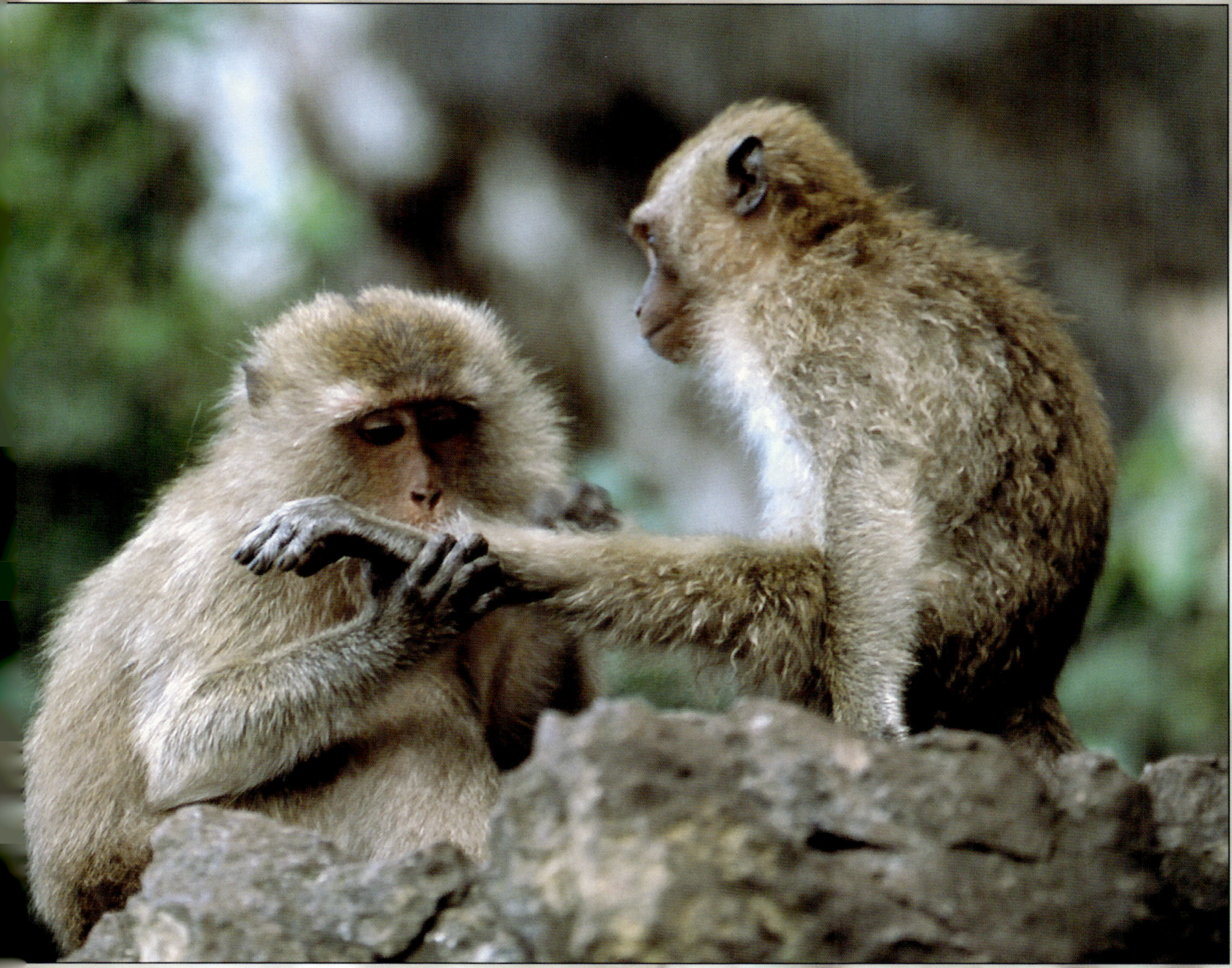

## Schattendasein

Weil ein Schatten immer wandert,
würd' ich gern der deine sein,
würde Hügel überqueren
und in Tälern nah dir sein.

Jede Stelle deines Leibes
wäre mir bald sehr vertraut,
als der Schatten meines Weibes
kühlte ich die heiße Haut.

Beide brauchen wir die Sonne,
denn durch sie bin ich nur da,
und wir teilen diese Wonne,
bitte sage mir nur ja.

41-

## Liebkosung

Es gibt kein Mädchen weit und breit,
das nicht geküsst – gern würde,
der Richtige zur richt'gen Zeit,
das ist die einz'ge Hürde.

**Liebesglück**

In der Liebe Glück zu finden,
hat schon manchem gut getan,
doch das Ewig-an-sich-binden
hielt nur kurze Zeiten an.

## Hingerissen

Und es zieht mich hin und her,
weiß nicht, was ich tue,
keine Liebe wog so schwer,
raubst mir meine Ruhe.

Nichts ist, wie es früher war,
bin stets in Gedanken,
mal stellt sich der Himmel dar,
mal seh' ich nur Schranken.

Die Erlösung liegt bei dir,
treffe die Entscheidung,
sage nur die Wahrheit mir –
Zukunft oder Scheidung.

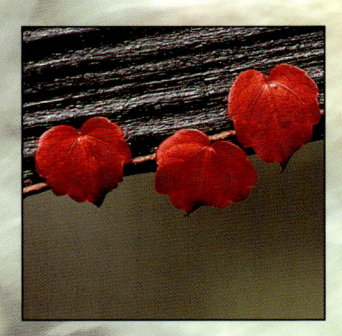

-45-

## Wahre Gefühle

In satten Farben glänzt die Welt,
wenn man sein Glück gefunden,
es zählt nicht Schönheit, nicht das Geld,
es zählen nur die Stunden.

Kein Weg ist weit – kein Wetter schlecht,
man macht sich nur Gedanken,
mach' ich dem Liebsten alles recht,
wie kann ich ihm nur danken.

Man teilt und liebt, man zögert nicht,
sein Leben zu verschenken,
man sieht im Dunkel noch ein Licht,
kann nicht mehr anders denken.

Doch irgendwann im Lebenslauf
sind stumpf dann die Gefühle,
der Glorienschein hört einfach auf
wie Wind – an Müllers Mühle.

Das Ganze muss kein Unglück sein,
man sollt' sich nur besinnen,
ob man bereitet viele Pein,
statt neu sich zu gewinnen.

-47-

### Ich bekenne mich...

Ich bekenne meine Liebe,
die ich lange dir verschwieg,
ich gehöre nicht zur Riege,
die nur wollen – ihren Sieg.

Ja, du lässt mich tief erschauern,
weckst Gefühle voller Kraft,
wirfst mir um die stärksten Mauern,
die mein Herz sich angeschafft.

Nein, ich wollte dich nicht lieben,
hatte Angst vor dem Gefühl,
meine Furcht – sie war geblieben,
darum blieb ich lange kühl.

Jetzt, nach ewig langen Zeiten,
sagten Herz und auch Verstand,
lasse dich von uns begleiten,
nimm in Liebe – diese Hand.

-49-

## Die Bindung

Jeder Mensch – allein geboren,
sucht sein Glück im Bindungsglied,
oft verliebt bis zu den Ohren,
merkt er kaum den Unterschied.

Ist der Frühling dann verflogen,
weht der Eiswind ins Gesicht
und er fühlt sich arg betrogen,
solchen Partner wollt' er nicht.

Nichts blieb übrig von dem Hehren,
nichts verbindet sie und ihn,
nirgendwo mehr ein Begehren,
beide zieht's woanders hin.

Immer loser wird die Bindung,
immer leerer wird das Haus
und der Seele letzte Findung
ist der Schluss mit all dem Graus.

-51-

## Der Heiratsschwindler

Er ist Galan und Meister
in seinem Traum-Ressort
und täglich wird er dreister,
betört der Damen Ohr.

Sein Charme ist seine Stärke,
er wirkt stets kultiviert,
er geht geschickt zu Werke,
sein Schein, der imponiert.

Er hat stets frische Blumen,
spendabel von Gemüt,
lässt seinen Ehrgeiz boomen,
zeigt edelstes Geblüt.

Hat er ihr Herz gewonnen,
scheint durch – was er nun ist,
Bescheidenheit – zerronnen,
dazu noch Bigamist.

Er beichtet eine Strähne
von Unglück und auch Pech,
er knirscht dabei die Zähne,
belügt das Weib ganz frech.

Es wäre ihm so peinlich,
dass er nun völlig blank,
und hofft nun augenscheinlich,
dass Geld – auf ihrer Bank.

Mit Tränen in den Augen
erweicht er nun ihr Herz,
ihr Geld, es würde taugen
zum Tilgen – seinen Schmerz.

Bei seines Mannes Ehre
verspricht er ihr nun Schutz,
wenn sie ihm nicht verwehre
ihr Geld aus Eigennutz.

Sie nimmt ihn in die Arme,
schenkt alles, was sie hat,
sie glaubt nur seinem Charme
und wird vor Rührung matt.

Ihr Geld, es bringt ihm Segen,
dem großen Mann von Welt,
jetzt kann er stolz belegen,
nur Geld regiert die Welt.

Er war sehr schnell verschwunden,
denn Damen gibt's noch viel,
sie tupft sich ihre Wunden,
er spielt sein neues Spiel.

Vor einer großen Kammer
ein weiser Richter spricht,
trotz vieler Frau'n-Gejammer
reicht es zur Strafe nicht.

Nach Meinung aller Damen,
sind andre Weiber schuld,
er spricht in Volkes Namen,
den Mann trifft keine Schuld.

**Erinnerung**

Blass und blasser wird das Bild,
das ich in mir trage,
unsre Liebe – einst so wild,
stellt sich fast in Frage.

Wo ist all die Farbe hin,
die die Erde schmückte,
was verdunkelt unsern Sinn,
der uns einst entzückte.

Wer schiebt Wolken übers Land,
dass wir nicht mehr sehen,
wie wir gingen Hand in Hand,
was ist nur geschehen?

Wann erholt sich unser Herz –
und fängt neu zu leben an,
wann entschwindet unser Schmerz?
Sag mir wann...

-55-

## Mein Bild von dir...

Ich mache mir ein Bild von dir,
das meine Träume birgt,
und weiterhin erhoff' ich mir,
mein Wunsch-Gedanke wirkt.

Ich forme dich – ich denk' für dich,
ich schaffe mir dein Bild
und wenn du in den Rahmen passt,
heb' ich dich auf mein Schild.

Du sagst: „Ich brauch' den Rahmen nicht,
es ist auch nicht mein Bild
und tief aus meiner Seele spricht,
ich will auch nicht dein Schild.

Ein Bild vor meinen Augen steht,
in dem ein großes WIR
durch unser ganzes Leben geht,
das wünsch' ich mir von dir."

57

## Wild...

Deine Haare sich verfingen
wild beim Küssen und beim Ringen,
bis ich zögernd von dir ließ
und dein Unmut mich verstieß.

Nein, du wolltest kein Verharren,
sahst in mir nur einen Narren,
wolltest Wollust und Begier,
wolltest mich als Beutetier.

Doch ich zeigte dir die Grenzen,
war noch jung – mit 20 Lenzen,
glaubte noch an die Moral,
heute wär' sie mir egal.

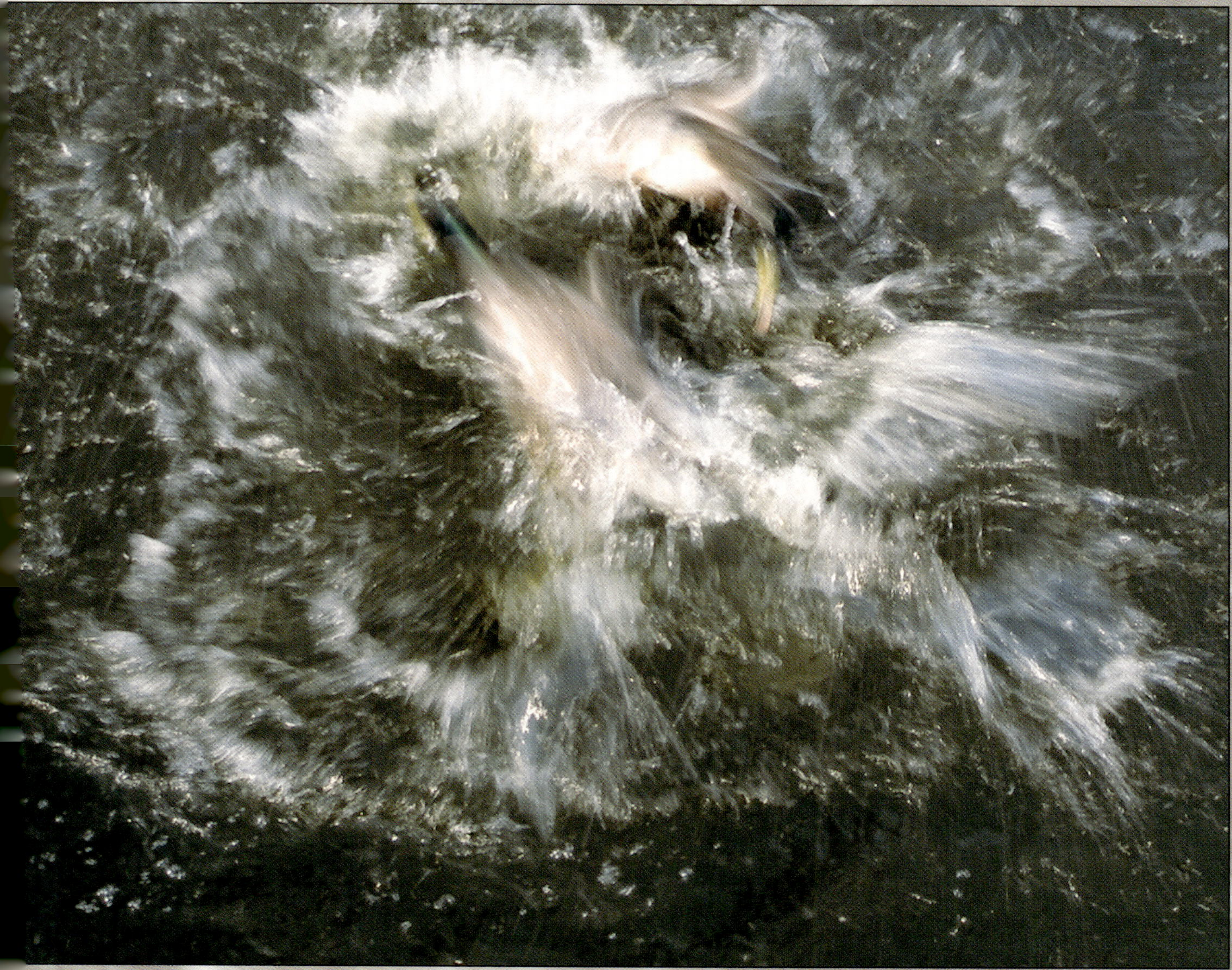

## Das Feuer der Liebe

Der erste zarte Blick-Kontakt
reicht oft fürs ganze Leben,
Gefühlswelt hat uns arg gepackt,
wenn Liebesbande weben.

Gefühle – sie gehorchen nicht,
das Herz, es sucht Erklärung,
die Liebe sieht's aus eigner Sicht,
verlangt nur nach Gewährung.

Am besten ist, man gibt dem nach,
dem Herzensschmerz zuliebe,
wenn Amors Pfeil im Herzen stach,
dann folgt man seinem Triebe.

Ein Mädchen-Haar, so heißt ein Satz,
es zieht mehr als zehn Pferde
und hat man endlich seinen Schatz,
ist man der King der Erde.

Wie lange nun die Liebe hält,
das liegt an beiden Seiten
und ist man nicht drauf eingestellt,
dann bricht das Glück beizeiten.

Des Amors Pfeil uns beide traf,
damit sich Herzen finden,
ich suche selbst im tiefsten Schlaf,
dich ewiglich zu binden.

61-

**Eins sein**

Eins zu sein – mein liebes Weib
möchten wir stets beide.
Eins zu sein – mit Kopf und Leib
zu Haus und auf der Heide.

Eins zu sein – in großer Not
und schöner noch im Glück.
Eins zu sein – wie's täglich Brot
und keiner bleibt zurück.

Eins zu sein –
in unser beider Herzen,
füreinander da zu sein
zum Trost – und auch bei Schmerzen.

Aus eins und eins da wurden wir
ein unzertrennlich Paar
und trennt man uns – das sag ich hier,
sind eins wir immerdar.

63-

Wenn das große Glück zerbricht,
sollte man die Scherben zu einem kleinen Glück zusammensetzen.

Die Menschen möchten die Zeit anhalten –
für Liebende steht sie bereits.

### Reicht euch die Hände

Die Liebe spricht Bände,
drum reicht euch die Hände,
seid einig im Ziel – denn das ist schon viel.
Bleibt fest stets im Glauben,
euch nicht zu erlauben,
dass all eure Pläne nur waren ein Spiel.

Drum nährt eure Seele,
damit euch nichts fehle,
und wisset, dass Liebe den Treuen nur bleibt.
Lasst Herzenstakt schwingen,
nur Gutes gelingen,
damit eure Liebe das Böse vertreibt.

Den Sinn dieses Lebens
sucht der stets vergebens,
der heillos und ziellos die Zeit nur vertut.
Drum lebt eure Liebe,
weil Schönres nicht bliebe
und sonst jeder Mensch nur in Einsamkeit ruht.

67

## Dann wird's gut...

Wenn wir uns in uns verlieren,
wenn wir Herz an Herz vergeh'n,
wenn wir uns für stets liieren,
wenn wir zueinander stehn.

## Impressum

© Art Photo Archiv Klaus Ender
E-Mail: art-photo-archiv@klaus-ender.de
Tel.: 03838-252481, Fax 252483

1. Auflage
Nachdruck verboten.
Alle Rechte vorbehalten.

Idee, Fotos, Scans, Gedichte: Klaus Ender
Satz & Layout: Gabriela Ender
Druck: Thomas-Druck Leipzig

ISBN 3-00-017140-1

www.klaus-ender.de & www.klaus-ender.com